Andrés Gonzales Morales

Para ahorcar tu soledad con mi silencio

Andrés Gonzales Morales

Para ahorcar tu soledad con mi silencio

La triste melodía humana

JustFiction Edition

Imprint

Cover image: www.ingimage.com

Publisher:
JustFiction! Edition
is a trademark of
Dodo Books Indian Ocean Ltd., member of the OmniScriptum S.R.L Publishing group
str. A.Russo 15, of. 61, Chisinau-2068, Republic of Moldova Europe
Printed at: see last page
ISBN: 978-620-3-57758-7

Para ahorcar tu soledad con mi silencio

Andrés Gonzales Morales

ÍNDICE

I

Del silencio y su belleza

La belleza del silencio

Amo al silencio en su oscura belleza
como a una mujer sin cabeza y sin forma.
El silencio es la muestra más grande de la belleza.

El silencio que habita mi desván
el silencio que obra por sí solo en mi batalla
el silencio que sin ojos y sin labios tiene arte
es el silencio de mis dulces melodías.

Cultivo al silencio como una muestra de arte
cultivo al silencio como una muestra de amor
cultivo al silencio como una muestra de belleza.

La sinfonía del silencio

Amo al silencio en su pausa armónica:
una melodía parsimoniosa y taciturna,
una sinfonía anudada con forma poética.

Amo al silencio del espacio y la nieve:
una sustancia nítida y hermosa,
una forma de poesía no escrita.

Amo al silencio de la poesía nocturna:
una muestra de belleza absoluta,
una señal de felicidad edénica.

Elogio al silencio

En ti silencio encuentro paz
en ti me ahogo lentamente
y decanto en un ser incorpóreo.

En ti silencio encuentro amor
la soledad que me abraza tan honda
y diluyo en forma inmaterial.

En ti silencio está mi esperanza
finitud de otrora reminiscencia
ser fino e inmortal.

En ti silencio la planta florece
solares de primavera
memorias de la senectud.

En ti silencio descansa el poeta
en su retardado olvido
en su última palabra.

En ti silencio está la muerte
nutrida de sombra y de vida
vida que es silencio y muerte.

Silencio para llorar

Siéntate, madre.

Para hablar del dolor primero hay que sentir el silencio

apagar los ruidos sordos de nuestra alma

prender la leña a fuego lento

y dejar sobre nuestras rodillas a mis hermanos ¡hombrecitos ellos!

en fin, dialogar con la sombra de nuestros antepasados

desempolvar los recuerdos de cada alma

recordar los inicios de nuestra desgracia...

madre, esa es la historia.

tan honda como la melodía del silencio.

Obra del silencio

Dibujas estrellas en el silencio de tu mirada
en esa sonrisa melódica y pausada.
Pronto miras al cielo
taciturno, nebuloso y extenso se halla.
Bajo esa grisácea y descolorida existencia
escribes versos letra a letra, palabra a palabra
mientras el silencio te ahoga lentamente.

Vuelves a mirar al cielo,
pájaros han invadido a todos los puntos
pero, tu poesía sigue intacta a todo
se construye al ritmo del silencio.

Por el espejo del silencio

Asomo por la ventaja del silencio
te contemplo plenamente niebla
niebla blanca que adorna la tesitura de mi alma
alma mía que lentamente se agoniza en el silencio
y a ti vuelvo silencio
silencio entre el frío y el viento
¡qué bello es el silencio!

Ahorcar silencios

He venido para ahorcar silencios
escribir mi poesía entre la sombra eterna
tejer la existencia humana entre sus líneas
en fin, para ahorcar tu soledad con mi silencio.

Pero, ya es suficiente ahorcar silencios
mutilar melodías y ritmos
suicidarse junto a la palabra...
es momento de escribir poesía
construir caminos entre los versos
cultivar la primavera entre las estrofas
y hacer una vida con los poemas.

II

De la decadencia del silencio

Jardín del niño ahogado

Jardín del niño ahogado
entre tus hojas decae el silencio
agotado por la harmonía incolora.

Jardín del niño ahogado
entre tus hojas canta la última ave
quedan sus recuerdos como sellos sin forma.

Jardín del niño ahogado
entre tus hojas la flor se marchita
como la sombra del sol sin el espacio.

Jardín del niño ahogado
fantasía de ternura infinita
paz de aves efímeras sin plumas
como el poeta en su retardado olvido.

Tarde otoñal

Añorar la felicidad de nuestra juventud,

la eterna infancia,

la profunda alegría de los amantes...

Ahora solo podemos sentir la nostalgia

de que aquella vez fuimos inocentes de todo

inocentes ante la vida

inocentes ante los años

inocentes ante la felicidad

inocentes hasta de nosotros mismos.

Reflexiones de un poeta

Reflexiono en mi desván junto a mi arte
voy dibujando una forma poética
palabra a palabra, verso a verso
mientras leo la primera palabra
inserto una nueva en este último.

Reflexiono y digo: poesía
alma viajera que has surgido en mí
para inundar mi espíritu con palabra
y añado: verso inútil
florecer de mi propia voz
silencio de mi propia expresión.

La noche ha llegado

La noche ha llegado
mi alma asoma por la ventana
allá una estrella llora su suerte
aquí un anciano agita su tiempo.

La noche ha llegado
mi corazón se levanta
se oye el ruido de nuestro destino
una vieja deambula en silencio.

La noche ha llegado
todos en la calle
tiritan el frío de los políticos
niños huérfanos, viejas harapientas...

La noche ha llegado
el gentío se junta al zaguán
elevan su protesta: ¡qué corta ha sido la vida!
En fin, todos nos marchamos hacia ese lugar desconocido.

Un sueño

Mi alma asoma por el agujero

hay niños jugando en la calle

una madre cuya existencia se adorna con llanto

una planta, una sombra entre sombras

un ciego en la plazuela decaída

una flor en mi pupila

un sueño tan lejano en mi alma.

La agonía de la niña

Ella loe su victoria citadina entre los mortales
ha descubierto que el aire y el agua son para todos
incluso para aquellos silenciados por su propia lengua.
Ella, la niña de la tarde canta la victoria sombría.

Porque todos nacieron para ser humanos sin oficio
para andar el desandar de la triste melodía humana
y así son todos: mulatos e indios taciturnos.

La niña, decorosa por la imperiosa existencia, decanta su vida
en señal de amor, de paz y de luto, pero es vana la gloria
aquí se ha perdido el tétrico color de las tardes
la dulce mañana e infantil nunca fue posible.

La agonía de la niña, en fin, es una especie de alabanza
un alago a los bohemios que aman el crepúsculo
que triunfaron con su vicio y ahogaron a la niña
a esa niña sentada junto al atardecer del mar.

He llorado

He llorado por la lluvia
como niño perdido en la jungla.
He llorado por la nube
como perro sin dueño.

Lloro, lloro, lloro.
Lloro por la triste avenida
lloro por las casas viejas
lloro por las arrugas del tiempo.

Pienso en la muerte

Pienso en la muerte retumbar sobre su tumba
va dejando sellos en cada esquina hiriente
esquilando su frío destino enlutado en vida
rutinando su sediciosa mirada frente al hombre.

Siento la muerte palpitar su corazón en mi sangre
que fluye como el suave andar de la vida dulce
que decanta en la carne humana como paz celeste
besa mis venas azules con una harmonía simple

Pienso en la muerte cogiendo su manta de mujer fea
que suspira ahondo el silencio de su desdicha vida,
pienso en la muerte como ser presente en ausencia
que mira al hombre en su rostro de niña apagada.

Memorias para ti

Cuando el sol se ausente eternamente
cuando el mar se haya agotado
cuando el aire se despida de la tierra
cuando nadie te llame por tu nombre
cuando todos estén en la otra esfera ...

Acuérdate de un poeta rural y solitario
acuérdate de su andar y su dulce palabra
acuérdate de la compañía nocturna
acuérdate de que fuimos alguna vez
seres del uno para el otro.

Triunfo de la muerte

Vieja calle arrugada como la anciana
abandonada por los viejos vientos
suspira una esperanza de mil eternidades
ata su propia sangre bajo la ciega noche.

Niño decantado por su inocencia
silba la otrora melodía
sin esperanza ni amoríos
lento anunciar de la muerte.

Margarita silenciada y ya sin flores
agita sus delicadas hojas sin pasión
paso a paso deja su color atrás
signo de la finura existencia.

El tiempo ha dejado de existir
junto a la vieja arrugada,
el niño decantado y
y la margarita sin flores.

Pájaros de la mañana

Tristemente creí que las mañanas eran pájaros
pájaros que vi toda mi vida
aun en las mañanas sin aurora
aun en tiempos de serranía invernal.

Ahora que despierto de mi agonía
siento que los pájaros se huyeron
igual que las mañanas y
nuevamente
me hallo en la eterna armonía de la nada.

Aquí donde nadie existe

He venido aquí donde nadie existe
para desvelar la piedra negra en su rutina
para convertir mi alma en su triste forma arcaica.

He venido aquí donde nadie existe
para deambular junto al céfiro
tratando de emular la naturaleza divina.

He venido aquí donde nadie existe
ni la piedra ni alma mía
simplemente la divinidad.

La tarde que nos adora

Sentado frente al mar en forma de piedra ovalada
recordando que aquella vez fui un infante a gotas,
que tuve amores allá en el frío y en la puna y
que corrí leguas junto al viejo viento
para estar ahora frente al mar y sentir que la vida fue
y es una tarde junto a este paisaje lejano
y es también una tarde que nos adora.

Alejado, alejado

He visto caer las flores

volar a las aves de mi jardín

correr los niños por la viña

pasar las estrellas ante mi ventana

y en todas me he sentido alejado de la realidad

una fisura en el alma que me anuda en cada instante

una decadencia que sucumbe en soledad eterna.

Libertad bajo la lluvia

Asomo a la calle

una figura parca

un perro en la esquina

una planta invernal

un alma infantil

....

Bajo la lluvia

todos con su libertad atada.

Noche de tristeza

A ti me inclino tristeza
con mi sombría hombría
para detallar mi dolor
mi pausado andar
y el ser anudado
que cargo a lo viejo
y siento que en ti
puedo hallar la paz
infinita e
incolora.

Bajo el farol

Asomo por la ventana de mi alma
y veo un niño sentado bajo el farol
se ahoga lentamente
se acuclilla y muere
y deja mutilada mi alma
niño muerto, alma muerta.

Tierra nuestra

Aquí donde los ancianos ríen,
los niños lloran.
Aquí donde la tierra es fértil,
existe la hambruna.
Aquí donde los héroes existen,
los soldados tiritan.
Aquí donde las niñas son violadas,
la justicia aplaude.
Aquí donde los ricos ríen,
los pobres lloran.
Aquí donde hay agua,
no existen bosques.
Aquí donde hay océanos,
no hay peces.
Aquí donde hay libertad,
hay esclavos,
Aquí donde hay democracia,
gobierna la tiranía.
Aquí donde hay sueños,
la derrota es segura.
Aquí en el reino del bullicio,
gobierna el silencio de todos.
Aquí donde ...

Silencio de todos los tiempos

Me hallo en esta neblina que bifurca el esfuerzo humano
entre la nube y el cielo azul experimento la vieja historia
aquella que ha vivido mis antepasados en su oscuro destino
y que además construyeron a base de amor y sabiduría.

Me hallo en el mar pensando en la muerte de los amigos
en la venida de otros tiempos con cierta esperanza y amor
inquiero por la justicia, por la salud de la humanidad
y digo que todo es frustración. Una osadía incompleta.

Me hallo en la penumbra viendo la figura de los dioses lejanos
tumbados en su naturaleza perenne y disparejo a la de humanos
también veo ese vicio de amar sin locura, y sin interés a la vida
frente a mis ojos se construye la cultura, la historia, la letra.

Me hallo aquí en la tierra junto a gente de todos los colores
sembrando horrores por todos los lados y todos los caminos
se habla de paz y de amor: una injusticia de los siglos.
piensan en la felicidad que se agota en un ladrillo, en una casa.

III

De la soledad y el silencio

Soledad

Eres una flor bella
solitaria
abandonada
incontaminada
y digna para mi poesía,
inerte y pura.

Soledad amada
regocijo espiritual
presencia serena.

Te clamo lentamente
para suicidarte
junto a este último verso.

Mi soledad

Abrazo mi soledad en plena avenida
voy ahorcando silencios de a pocos
y en esta calle enciendo mi cigarro y
juntos nos vamos al olvido.

Ave nocturna

Alma otoñal de mil inexistencias
bifurca la efusión del origen banal
destila frugalmente la forma humana.
Tan largo es el canto del ave.

Alma otoñal de mil soledades
desangra el color de la vida o
la melancolía del destino.
Tan corto es el canto del ave.

Alma otoñal aquí la humanidad
entregada a tu hechura final
reunida para hurgar entre voces ...
tan caro es el canto del ave.

El ocio de los pájaros

Deliro frente al capulí plenamente maduro y sabio
mientras me inquieto por mi soledad y las soledades
escucho el chillido sideral que inunda mi silencio,
mi triste silencio que decanta en una melodía mortal,
es el canto de las aves en su ocio eterno.

Poeta solitario

Deambula como sombra apagada
entre la gente moribunda e insana
llega al patio de los silenciados y
ahí escribe su última soledad.

Alma mía

Abrazar con angustia
a ti alma mía
ahorcar tu decadencia
volver a vivir contigo
en cadencia
en soledad
y en silencio.

IV

Canto final al silencio y la soledad

Amar

Qué bello es amar al silencio de la existencia humana
es tan puro como las aguas de la puna y la jungla.
qué bello es amar a la soledad de todos los tiempos
pareciera una luz etérea en medio de la penumbra del mar.

Qué bello es amar al silencio en su soliloquio andar
como a bellas mujeres en su aposento rutinario y feliz
qué bello, en fin, los silencios sembrados en cada corazón
son formas de vidas ahogadas en la dulce melodía humana.

Qué bello es amar al arte, a la aurora, al crepúsculo, al ser
reunidas en la figura del silencio y de la soledad
qué bello amar al mundo de las primaveras efímeras y eternas
son muestras de una extasía mundana y aun celestial.

Printed by Books on Demand GmbH, Norderstedt / Germany